AF359229

EXTRAIT

DU MERCURE

Des deux Volumes de Juillet 1764.

LETTRE de M. l'Abbé JACQUIN, à l'Auteur du Mercure, sur l'Introduction à la Science des Médailles, par DOM MANGEART.

ON ne sçauroit, Monsieur, trop faire connoître au Public les Ouvrages utiles. Celui de *Dom Mangeart*, sur les Médailles, présente aux jeunes Amateurs de l'Antiquité, une Méthode si simple, si claire & si facile, qu'on ne peut assez le mettre sous leurs yeux, & leur en recommander l'étude. C'est dans cette intention que je vous prie de rendre publics quelques traits ajoutés au tableau que vous avez tracé de ce livre, dans votre Mercure du mois de Janvier 1764, tom. 2, de cette année. Les soins que je me suis donné pour cet Ouvrage, avant & depuis la mort de ce Sçavant Bénédictin, m'en ont rendu familier & le plan & les détails.

On peut diviser les monumens antiques en trois classes.

La première comprend les Inscriptions. Les Hommes ramassés en familles, non contens de se communiquer leurs

penſées par l'uſage de la parole, cher-
cherent & inventerent l'art de la peindre : les inſcriptions gravées ſur le bois,
la pierre, le marbre & les métaux,
ſont de la plus haute antiquité. Le de-
ſir de conſacrer des hommages & d'offrir des vœux à l'Etre ſuprême, ou
aux Divinités que l'oubli de la vérita-
ble Religion lui ſubſtitua, & de vi-
vre dans la poſtérité, en lui conſer-
vant la fondation des Villes & des éta-
bliſſemens utiles, l'invention des Arts,
les vertus des Grands Hommes, les
combats, les victoires &c, les fit imaginer prèſque dès la naiſſance du Monde.
Les Phéniciens, les Egyptiens, les
Hébreux & les Grecs ne laiſſent aucun
doute ſur cette vérité.

L'écriture ne fut, il eſt vrai, dans
ſon berceau que la repréſentation groſ-
ſière des objets ſenſibles. Enhardis par
les premiers ſuccès, les hommes cher-
cherent bientôt après à donner un
corps à la penſée même : ſous une figure ſymbolique & de convention on
parla aux yeux. C'eſt ainſi que chez les
Egyptiens un ſoleil annonçoit la Divinité, l'œil peignoit un Monarque, un
ſauterelle, animal que l'on croyoit alors
ſans bouche, repréſentoit une perſonne

initiée aux myſtères & obligée au ſe-
cret, &c, &c. Telle étoit encore à-peu-
près, l'écriture chez les Chinois & chez
quelques Peuples anciens. L'art ſe per-
fectionnant enfin, on inventa des caractères ſimples, dont la variété des
combinaiſons préſentoient des ſens différens.

Ces progrès lents & ſucceſſifs furent
la cauſe des différentes eſpéces d'écritures que l'on trouve chez les Peuples
les plus anciens. Ceux qui ſe ſont raſ-
ſemblés avant l'invention des caractéres
ſimples, ont été obligés de paſſer par ces
différentes gradations. On compte qua-
tre ſortes d'écritures chez les Egyptiens,
l'Hiéroglyphique, la Symbolique, l'E-
piſtolaire & la Sacerdotale ou l'Hiéro-
grammatique. Les Chinois, après avoir
commencé à peindre les objets ſe ſervirent de cordelettes nouées, avec leſ-
quelles ils formerent différens caractères, par l'arrangement des cordelettes
& des nœuds : ce ne fut même que
long-temps après cette invention, que
Fohi ſubſtitua à ces cordelettes de véri-
tables caractéres ou lettres formées par
des lignes.

Du temps des Grecs on confondoit
encore la première eſpèce d'écritures,

avec celle qui n'étoit compofée que de caractères fimples & alphabétiques ; leur verbe γϱάφω fignifie même également peindre & écrire.

Les Infcriptions fuivirent le fort de l'Ecriture : ces premières ne furent que des efpéces d'images des objets que l'on vouloit faire paffer à la poftérité ; mais dès que chaque Peuple eut inventé ou copié d'après l'art d'écrire, elles furent gravées en caractères fimples.

Les Phéniciens, les Égyptiens, les Hébreux, les Grecs & les Romains nous ont fourni une grande quantité d'Infcriptions. *Grævius* a raffemblé dans fon fçavant Recueil ces précieux reftes de l'Antiquité épars dans les Ouvrages de *Gruterus*, de *Reinéfius*, de *Spon* & de *Fabretti*.

Dans la feconde Claffe des Monumens antiques font renfermés les Ouvrages d'Architecture & de Sculpture qui nous reftent de l'Antiquité. Leur origine fe perd elle-même, pour ainfi dire, dans la naiffance du Monde. Avant la conftruction de la Tour de Babel, les premiers Patriarches avoienr élevé dans différentes occafions des Autels de pierre pour y offrir au Seigneur leurs hommages & leurs facrifices. Les Pyramides d'Egypte, les colonnes qui ornoient le Temple bâti par *Sémiramis*, les statues qui décoroient les Sanctuaires des Temples & des Places publiques, les bas-reliefs qui embellissoient les frontons des grands édifices, tout dépose pour l'antiquité de ces sortes de Monumens.

Ils durent, comme les Inscriptions, leur naissance à la Religion & à la vanité. C'étoit pour honorer les Dieux qu'on exposoit à la vénération publique leurs Statues, ou même leur histoire sculptée en bas-reliefs : en faisant fumer l'encens devant ces vains Simulacres, on croyoit obtenir les faveurs que l'on desiroit, ou éloigner les maux que l'on redoutoit. D'un autre côté, si l'on anima la pierre & si l'on fit respirer le marbre pour honorer le mérite réel des Législateurs, des Héros & des Grands-hommes, combien la flatterie ne prodigua-t-elle pas son cizeau, en donnant une sorte de vie à des hommes sans talens & sans vertus, mais puissans ? Chaque événement remarquable fut consacré par les mains des plus grands Maîtres. La fondation des Villes, les établissemens considérables, les édifices publics, & souvent même ceux des Particuliers, les guerres, les victoires, les alliances, tout fut l'objet de quelque Monument : voilà l'origine des temples, des pyramides, des colonnes, des cippes, des ſtatues, des bas-reliefs, &c, & de tous ces reſtes précieux que Dom *Monfaucon* nous a conſervés dans ſon *Antiquité expliquée*, & qu'un * Savant auſſi illuſtre par ſes lumières que par ſa naiſſance, nous offre encore tous les jours dans cette collection faite pour inſtruire les Amateurs de l'Antiquité & pour inſpirer le goût aux Artiſtes.

La troiſiéme Claſſe des Monumens antiques eſt en quelque ſorte un compoſé des deux autres, puiſqu'elle offre des figures gravées accompagnées d'Inſcriptions : telles ſont les Médailles, objet de l'Ouvrage de Dom *Mantgeart*. Nous nous étendrons un peu plus ſur cette Claſſe des Monumens antiques que ſur les deux premières.

Avant de préſenter ſous différens points de vue le travail du ſçavant Bénédictin, il eſt bon de remarquer combien ces trois eſpéces de Monumens s'aident mutuellement pour la connoiſſance & la ſûreté de l'Hiſtoire : en voici un exemple frappant dans la famille de

* M. le Comte de *Caylus*, dont le nom ſeul eſt un éloge.

Pertinax. L'Histoire ne parle que de cet Empereur : des Médailles Grecques nous ont conservé le nom de *Titiana*, sa femme. Outre cette découverte, on trouve sur une pierre gravée du Cabinet de M. le Duc d'*Orléans*, non-seulement les têtes de *Pertinax* & de *Titiana*, mais encore un troisiéme, dont les traits désignent une jeune personne : M. *Belley* avoit regardé cette tête comme la représentation du fils de cet Empereur. Ce qui n'étoit qu'une conjecture, devient une vérité par la découverte de quelques Monumens trouvés depuis peu à Metz, & dont les Inscriptions nous apprennent que ce jeune Prince avoit été déclaré *César*.

L'étude de ces trois Classes de Monumens est un des objets principaux de l'*Académie des Inscriptions & Belles-Lettres*. Il faut être déja initié dans la connoissance de l'Antiquité pour comprendre quelles obligations nous avons à cet illustre Corps. Dom *Mangeart* sçavoit mieux que personne lui rendre justice ; & s'il a inféré dans l'*Introduction à la science des Médailles* plusieurs morceaux tirés de ces Mémoires, c'est qu'il pensoit, avec la modestie si naturelle aux grands Hommes, qu'il n'étoit pas poſſible de mieux écrire ſur les matières qui en ſont les objers. Avec quel plaiſir ne ſaiſis-je pas l'occaſion de rendre mes hommages à cette Compagnie?

Dans le vaſte tableau que préſente l'Ouvrage de Dom *Mangeart*, je diſtingue trois maſſes, les connoiſſances préliminaires, les Types & les Légendes.

1°. Les Médailles ne ſont pas auſſi anciennes que les Monumens qui compoſent les deux premières Claſſes des Antiquités. Quoiqu'en puiſſent dire ceux qui ont regardé *Tubalcain* comme l'inventeur de la Monnoie, ou ceux qui ont cru qu'*Abraham* avoit payé en argent monnoyé aux enfans de *Heth*, le droit de ſépulture pour ſa femme, ou même ceux qui font remonter leurs ſuites des Médailles juſqu'à *Adam*, il eſt certain qu'on ne trouve dans aucun Cabinet des Piéces antiques qui ſoient antérieures de neuf cens ans avant l'Ere Chrétienne: encore les Médailles de *Phidon* & de *Démonax*, qui dateroient à-peu-près de cette antiquité, ſi elles euſſent été frappées du vivant de ce Prince, n'ont été fabriqués que pluſieurs ſiécles après leur mort. *On ne peut donc faire remon-ter avec aſſurance l'époque des Médailles*

*grecques (les plus anciennes de toutes,
que jusqu'au règne d'Amyntas III, ayeul
de Philippe II, père d'Alexandre-le-
Grand.*

Chez les Romains, *Servius-Tullius*
fut le premier qui fit frapper de la Monnoie, en fixant la valeur d'une piéce
de bronze, fur laquelle on imprimoit
certaines marques. Avant ce Prince, on
s'étoit fervi à Rome de monnoie de cuir
jufqu'à *Numa-Pompilius*, qui mit en
ufage des morceaux de bronze fans aucune marque.

Il eft aifé de voir, par ce que nous
venons de dire, que les Médailles, de
quelque module & de quelque métal
qu'elles foient, étoient anciennement de
vraies Monnoies, c'eft-à-dire des pièces
frappées fous l'autorité du Chef, pour
avoir cours dans le commerce ; auffi
confond-t-on fouvent les termes de
Monnoies & de Médailles.

Il n'eft pas auffi facile de décider fi les
Médaillons ont eu cours, à titre de Monnoie. Les vrais Médaillons font toutes
les grandes pièces qui, *dans quelque
métal que ce foit, excédent par leur poids
leur étendue & la fabrique, le volume & la
forme du plus grand module des Monnoies antiques ordinaires.* Plufieurs rai-

fons ont déterminé M. *Mahudel*, à pen-
fer que ces pièces, après avoir fervi à
confacrer plus particulièrement la mé-
moire de quelques faits fignalés ou aux
largeffes des Empereurs, rentroient dans
le commerce, à raifon de leur poids,
les principes fur lefquels s'appuie ce Savant, paroiffent décififs.

On ne frappa d'abord les Monnoies
que fur une des deux faces : alors la façon de les fabriquer étoit toute diffé-
rente, comme l'explique très-favamment
M. l'Abbé *Barthelemi* dans fon *Effai de
Paléographie numifmatique*. On les mar-
qua enfuite des deux côtés ; c'eft-à-dire
qu'on y mit un type & une légende fur
chaque face. Elles fe frappoient alors au
marteau : c'eft ainfi qu'on les fabrique
encore aujourd'hui en Chine dans l'In-
de & dans plufieurs autres Pays. On en
couloit quelquefois dans des moules
compofés d'argile : celles - ci étoient
moins nettes que celles qui étoient frappées. Ce n'eft que depuis peu que nous
avons trouvé le balancier, invention
propre à faciliter l'opération & à rendre
les Médailles plus exactes & plus cor-
rectes.

*En général, une Médaille eft une piéce
de métal à deux faces, fur chacune def-*

quelles sont ordinairement un type & une légende. Il faut voir dans l'Auteur l'explication étendue de cette définition : il n'est pas possible dans une simple Lettre de s'arrêter long-temps sur les objets les plus intéressans de ce sçavant Ouvrage.

Les Médailles ayant servi dans leur origine de monnoie, c'est-à-dire, de signes conventionnels d'une valeur réelle, on en a composé de tout ce qui pouvoit porter les sceau public, comme *l'or, l'argent, le cuivre, le potin, le fer, le plomb, le cuir, le carton, la terre, le bois, les coquilles & les amandes.* La France n'en a-t-elle pas vu de papier au commencement de ce siécle ? Quelle triste collection que celle que l'on feroit avec des billets de banque ! On ne conserve dans les Cabinets que les Médailles d'or, d'argent, de bronze & de potin.

Il y a des Médailles de plusieurs formes : les unes représentent un quarré parfait ou un quarré long ; les autres sont en losange ou en ovale. Pour l'ordinaire elles sont arrondies.

Par rapport au module, on appelle médaillons dans tous les métaux, les grandes piéces dont nous venons de parler un peu plus haut.

Les Médailles de bronze se divisent en grand, moyen & petit bronze.

Les Médailles d'or & d'argent dans le haut Empire, sont assez semblables pour le module au petit bronze : celles qui excédent sensiblement ce module s'appellent Médaillons.

Outre ces modules, il y a encore celui des monnoies *bractéates : ce sont des piéces, ou plutôt de simples feuilles de métal chargées d'une empreinte grossière.* On n'en connoît pas de plus anciennes que le neuviéme siécle. La rareté de l'argent & le mauvais goût du temps sont les causes de leurs défauts.

On donne aux Médailles différens noms. Leur âge les fait appeller *antiques* ou *modernes.* Les antiques finissent à la ruine de l'Empire de Constantinople par les Turcs en 1453. Toutes celles qui datent d'après cette époque malheureuse, sont modernes, & n'occupent aucune place dans les cabinets des Curieux.

Les matières dont les Médailles sont composées leur font donner les noms de Médailles d'or, d'argent, de bronze, &c. On appelle Médailles *saucées* celles de bronze qui sont trempées & saucées dans l'étain ; & *fourrées* celles qui font faites d'une piéce de bronze ou de fer couverte d'une lame d'or ou d'argent : elles étoient l'ouvrage des faux Monnoyeurs.

On a vu plus haut les noms que les Médailles prennent de leurs différens modules.

La manière dont elles font fabriquées les fait appeller simplement *Médailles* quand elles font gravées en relief, & Médailles *en creux* quand leur marque est creufée dans la Pièce. Par l'inadvertance de l'Officier de la Monnoie, qui fert à glisser le flan fous les coins, il peut arriver qu'une Médaille foit gravée en relief d'un côté & en creux de l'autre, parce qu'il aura placé un nouveau flan fur une piéce déja frappée : ce font ces fortes de Médailles que l'on nomme *incufes*.

On appelle *Contorniates* celles qui ont un cercle en creux fubftitué au grénetis, & *encaftillées* celles qui font ornées d'un cercle antique ajouté après leur fabrique. Il ne faut pas confondre avec ces deux efpéces de Médailles, celles qui font compofées de plufieurs bronzes de différentes couleurs, enchaffés & foudés enfemble : elles font plus précieufes que les *Contorniates*. On trouve quelquefois des Médailles percées , fur-tout dans ces trois efpéces : ce font celles que l'on pendoit au cou par ornemens , & fouvent même comme Talifmans.

Les Médailles empruntent les noms des différens Peuples qui les ont fait frapper : c'eft ainfi qu'on les appelle *Grecques* , *Latines* , *Puniques* , *Françoifes* , &c.

Elles ont encore différens noms par rapport aux noms & titres de ceux qui les ont fait frapper ou qu'ils repréfentent. *La divifion la plus ordinaire de ces noms eft en Médailles des Rois , des Familles ou Confulaires , Impériales , des Colonies , des Peuples & des Villes.* On nomme celles qui ont été frappées à l'honneur des grands Hommes , *Médailles de Fondateurs , de Réparateurs , d'Hommes illuftres & de Reftituteurs.* Il faut voir dans l'Ouvrage même comment l'Auteur traite dans la *Section VII de l'Appendice du Chap. III.* ce qui regarde les *Médailles reftituées.* Cet endroit curieux & intéreffant eft plein d'idées heureufes , fimples & neuves.

Les différens dégrés de perfection des Médailles leur ont auffi fait donner divers noms, tels que ceux de *vraies , d'authentiques , de Médaille à fleur de coin , de contrefaites, de fausses, de frustes, de moulées ou de retouchées* par les Monnétaires.

Outre ces différentes sortes de Médailles, on conserve encore dans les Cabinets des piéces appellées *obsidionales,* parce qu'elles ont été frappées pendant de longs siéges de villes, par ordre du Gouverneur ou des Magistrats, *pour tenir lieu pendant quelque temps de monnoies.* Les plus anciennes *obsidionales* que l'on connoisse sont du commencement du seiziéme siécle, lorsque *François I.* porta la guerre en Italie. C'est moins pour leur beauté & pour leur matière qu'on les conserve dans quelques Cabinets, que par curiosité ; car elles se ressentent en tout de la calamité qui les a fait frapper.

Enfin on trouve sur quelques Médailles certaines petites figures hors-d'œuvre, ou des caractères isolés imprimés après-coup, que l'on appelle *contre-marques.* Il faut consulter l'Auteur pour voir par quels motifs on a fait frapper ces *contre-marques,* & pour quels usages.

La seconde Partie de cet Ouvrage renferme tout ce qui regarde les Types des Médailles.

Les Médailles ont deux côtés ; l'un s'appelle la face ; l'autre le revers. Sur chacun de ces côtés font ordinairement gravés un type & une légende.

Les types doivent être confidérés comme faifant le corps de la Médailles : les légendes en font l'âme & la langue : ce font elles qui nous apprennent ce que les types fignifient. Sans elles ils refteroient fouvent muets. Il ne faut pas cependant s'en repofer toujours fur les légendes pour connoître les Médailles : au contraire, il eft abfolument néceffaire de fe mettre au fait des types, afin de pouvoir les expliquer, foit que les légendes manquent tout-à-fait, foit que les Médailles foient fruftes & difficiles à lire, foit enfin que les légendes ne foient compofées que de lettres initiales. C'eft pour faciliter cette connoiffance que l'Auteur a traité ces deux parties d'une manière fort étendue. Suivons - le rapidement dans ce qui regarde les types ; la variété feule des objets qu'ils nous préfentent fera aifément fentir combien cette partie eft curieufe & inftructive pour l'Hiftoire, & combien elle peut fervir aux Artiftes pour faifir, avec le goût de l'Antiquité, les traits des Princes & des Perfonnages illuftres, & le Coftume de chaque fiècle.

On trouve fur les Médailles tout ce
qui regarde la religion des Payens, leurs
Divinités avec leurs habillemens, attributs, fymboles ; leurs Temples, Autels, Sacrifices ; les Fêtes confacrées
pour embellir le culte qu'on leur ren-
doit ; les Prêtres & les Prêtreffes chargés
des cérémonies de ce culte ; les Apo-
théofes & les Confécrations, &c. &c.

Après avoir expofé l'origine de l'ido-
lâtrie, l'Auteur divife les Divinités en
deux claffes : il place dans la premièie
les perfonnages réels ou chimériques,
que l'Hiftoire ou la Fable ont élevés
par oubli ou par mépris de la Divinité,
effentiellement une, aux honneurs di-
vins. En parlant de chacune de ces Divinités, il rapporte dans des articles fé-
parés ce qu'elles étoient felon l'Ecriture
Sacrée ou hiéroglyphique des Egyptiens,
felon l'Hiftoire & felon la Fable : il les
confidére enfuite dans la numifmatique,
& décrit d'une manière précife & claire
les différens attributs fous lefquels on
peut les reconnoître fur les Médailles ;
des exemples tirés des piéces les plus
rares & les plus curieufes, gravées dans
les planches qui ornent cet Ouvrage,
mettent l'inftruction fous les yeux.

Les Divinités de la feconde claffe font

les symboles & les attributs des pré-
mières & des Etres moraux ou allégoriques, tels que les vertus, les passions,
les vices mêmes. L'Auteur les considére
particuliérement par rapport à la numismatique. En parlant de l'*Honneur* &
de la *Vertu* (Sect. XV. de l'Art. II du
Chap. V.) « Voici, dit-il, deux Déesses
» allégoriques, que l'on trouve quel-
» quefois représentées ensemble sur les
» Médailles : elles eurent chacune un
» Temple à Rome, bâti par *Caius*
» *Marius*, ou plutôt elles n'eurent qu'un
» même Temple, dont la partie anté-
» rieure fut consacrée à la *Vertu*, & la
» suivante à l'*Honneur*; en sorte qu'il
» falloit passer par le Temple de la *Vertu*
» pour arriver à celui de l'*Honneur* ».
Quelle gloire pour le Paganisme, s'il
n'avoit eu que de pareilles Divinités !
» La *Vertu* prise pour cette qualité de
» l'âme qui rend les hommes estima-
» bles, & dont l'honneur est la récom-
» pense, fut personifiée & déïfiée sous
» différentes figures d'homme. L'*Hon-*
» *neur*, au contraire, fut adoré sous la
» figure d'une femme.

» On les trouve ensemble parmi les
» Médailles de la famille *Cornelia*, de
» *Galba*, de *Vitellius*, &c. Sur celles de

» la famille *Cornélia*, ce font deux têtes
» accolées, dont l'une d'homme, cou-
» verte d'un cafque, & l'autre de fem-
» me, couronnée de laurier....L'une ou
» l'autre de ces deux Divinités fe trouve
» feule fur d'autres Médailles, la *Vertu*
» y étant confidérée tantôt comme une
» Divinité, tantôt comme une bonne
» qualité qui porte au bien en général ;
» tantôt enfin comme force, courage &
» valeur militaire. Les formes & les lé-
» gendes qu'on a données à ces piéces,
» qui font en affez grand nombre, ont
» toujours quelque rapport à ce qu'on a
» voulu leur faire fignifier.

Après avoir expofé ces différens rap-
ports & attributs, Dom *Mangeart* paffe
à la feconde Divinité. « Quant à l'*Hon-*
» *neur*, ajoute-t-il, nous ne voyons
» cette Divinité repréfentée que de trois
» façons ; favoir, par une tête de fem-
» me avec le cafque, couronnée de lau-
» rier & feule, comme dans la famille
» *Volteia* ; ou par une tête accolée avec
» celle de la *Vertu* fans cafque, mais
» couronnée de laurier, comme dans
» les Médailles de la famille *Cornelia* ;
» & en troifiéme lieu, par la figure
» d'un jeune homme ou d'un autre qui,
» habillé de long, fans cafque & fans

» couronne , tient une pique, un ra-
» meau d'olivier ou une branche de lau-
» rier d'une main , avec une corne d'a-
» bondance de l'autre , comme pour
» marquer que la Paix , dont l'olivier eſt
» le ſymbole , & que l'Abondance ac-
» compagnent la *Vertu* & la Valeur ,
» auſſi-bien que l'*Honneur* & la Gloire ,
» & qu'elles en ſont la récompenſe. Les
» légendes portent ou *Honos*, l'Hon-
» neur , ſans rien ajouter ; ou *Honos* ,
» *honori Auguſti* , l'Honneur , ou à
» l'honneur de l'Auguſte ; ou *Honos* &
» *Virtus* , l'Honneur & la Vertu ».

A la fin de cette Section on renvoie
à la Planche XIIIe, depuis le n°. 22 juſqu'au 35 , où l'on trouve quatorze Médailles différentes de l'*Honneur* & de la
Vertu.

Après les Divinités , & ce qui regarde
leur culte , on trouve dans les types
des Médailles les Rois, les Conſuls, les
Empereurs, les Princes, les Reines, les
Impératrices, les Princeſſes , les Héros, les Fondateurs, les Légiſlateurs,
& tous les Perſonnages célébres qui ſe
ſont diſtingués par leur naiſſance , leur
rang , leurs mérites ou les grands événemens auxquels ils ont eu part. On y
remarque même juſqu'à leurs habits ,

leurs coëffures, les différentes marques de leurs dignités & emplois, &c. Ici on voit le Ciel avec ses signes, ses étoiles & ses planettes : là, c'est la Terre avec ses Parties, ses Empires, ses Royaumes, ses Provinces, ses Villes, ses Edifices, les Eaux, les Plantes, les Animaux, &c. Le Temps & les Saisons paroissent aussi dans quelques-uns de ces types : dans d'autres ce sont des Batailles de terre & de mer, des Victoires, des Trophées, des Récompenses, & tout ce qui concerne le Militaire. Les Jeux, les Courses, les Spectacles & les Chasses y sont représentés : enfin les Alliances, les Confédérations, les Bienfaits, les Grâces & les Punitions y sont figurés. Quel tableau ! tous les objets sensibles s'y retrouvent. Que de lumières ! que d'instruction pour l'Histoire & pour les Arts !

3°. Avant de passer aux légendes, il est bon d'observer ici que l'Auteur se borne aux Médailles Grecques & Latines, *comme à celles dont il est plus important d'étudier les types & de connoître les légendes.*

» La plûpart des Médailles n'ont qu'une » légende sur chacune des deux faces : » cette légende est ordinairement placée

» au contour du grénetis, dont souvent
» elle n'occupe que la partie supérieure.
» Cependant il y en a qui ont deux lé-
» gendes sur le contour, & une troi-
» siéme sur le champ, ou bien dans
» l'exergue, au bas de la pièce. Quel-
» ques-unes n'ont qu'une légende à la
» face ou au revers. Sur d'autres, la
» légende est au milieu du champ, en
» forme d'inscription. On en trouve qui
» sont placées comme en pal & en sau-
» toir. Celles-ci sont placées sur un bou-
» clier, ou au frontispice de quelque
» édifice : celles-là sont gravées de droit
» à gauche, contre l'usage, ce qui est
» rare. Enfin il y a apparence qu'il a
» dépendu des Graveurs ou des Officiers
» monnétaires de placer les légendes à
» leur fantaisie & suivant leur goût,
» puisqu'on les voit posées tantôt d'une
» façon & tantôt d'une autre, quelque-
» fois même d'une façon bien bizarre ».

Les légendes font encore pour un
Amateur qui aime à s'instruire de l'Antiquité, une source présque inépuisable
de connoissances : elles nous apprennent
les différens noms & les différens titres
des dignités en usage chez les Grecs &
les Romains. Elles nous rappellent les
titres que les Villes Grecques ont pris

sur

fur leurs *Médailles*. Enfin elles nous font remarquer tout ce qui regarde les *Colonies*, les *Municipes*, les *Royaumes*, les *Provinces* & les *Villes* conquifes par les Romains.

Pour faciliter l'intelligence de ces Médailles, l'Auteur donne une ample Table alphabétique des lettres initiales & des principales abréviations qu'on trouve fur les Médailles. Cette Table forme trois colonnes; la première renferme les lettres initiales ou les abrégés; la feconde, l'explication latine; la troifiéme, la traduction françoife: elle eft fuivie de l'explication des lettres grecques prifes arithmétiquement, & de la combinaifon des lettres numérales de l'Alphabet Grec.

Les légendes des Médailles grecques font en grec; celles des Médailles latines font en latin. *On trouve cependant des légendes partie grecques & partie latines fur les Médailles du Bas-Empire, jufqu'à l'époque de la deftruction de l'Empire d'Orient.* La fureur des Romains, après les beaux jours de la Latinité, pour les Littérateurs Grecs & la décadence du goût, furent les caufes de cette bifarrerie, qui annonçoit les fiécles de ténébres & d'ignorance.

B

D'après cette réfléxion, considérons l'état de la Numismatique en France. Dans les beaux siécles de la Gréce & de Rome, les types des Médailles représentoient non-seulement le buste ou la tête des Rois, des Empereurs & des grands hommes, mais tous les objets sensibles & tous les événemens remarquables : c'étoit, pour ainsi dire, un Corps d'Histoire chronologique, où la Religion, les Mœurs, les Sciences, les Arts, la Géographie, sur-tout l'Histoire Naturelle & l'Art militaire, se retraçoient aux yeux du Public. Chez nous, la monnoye fixée pour revers aux armes de nos Princes, ne nous présentent sur la face que leur effigie. Si de temps en temps on frappe des Médailles pour célébrer les avénemens de nos Princes à la Couronne, les Cérémonies de leurs Mariages, l'inauguration de leurs Statues, &c, leurs matières précieuses, l'étendue de leur module & le petit nombre qu'on en distribue, les rendent si rares, qu'il est difficile d'en former des collections, même sous les règnes sous lesquels on les fabrique. Une Médaille d'or de 800 à 900 livres, telle que celle que l'on frappa l'année dernière pour la consécration de la Place de *Louis-le-Bien-aimé*, paſſe bientôt des mains du Poſſeſſeur chez l'Orfévre. C'eſt parce qu'on conſignoit chez les Anciens tous les événemens remarquables ſur les monnoyes qui avoient cours dans le commerce, que nous ſommes en état, après bien des ſiécles, & malgré l'ignorance & l'avarice, de ramaſſer les plus riches & les plus précieuſes collections des Médailles antiques.

Pourquoi, d'un autre côté, s'entêter de repréſenter nos Princes tant ſur les Médailles que dans leurs Statues, ſous le Coſtume Grec ou Romain ? Les Grecs avoient reçu les Science & les Arts des Egyptiens : cependant calquèrent-ils leurs Princes & leurs Héros d'après l'habillement des Egyptiens ? Les Romains, après avoir puiſé le goût chez les Grecs, preſcrivirent-ils à leurs Artiſtes de faire revivre leurs Empereurs & leurs Hommes illuſtres ſous des ornemens Grecs ? Pourquoi ne pas offrir au François les Princes à la Françoiſe ? Que ne créons-nous un Coſtume, ſous lequel nous puiſſions paſſer chez nos neveux & en être reconnus ? Quand oſerons-nous voler de nos propres aîles ? Notre Nation n'aura-t-elle donc jamais aſſez de conſtance pour éſſayer à connoître ce qu'elle vaut ?

Les Grecs n'employèrent pour les lé-gendes de leurs Médailles & pour les inſcriptions des Monumens publics, que leur Langue. Les Romains eux-mêmes ne ſe ſervirent juſqu'à la décadence du goût pour les leurs, que du Latin. Nous, dont la Langue épurée dès le ſiécle de Louis XIV, eſt devenue pour ainſi dire celle de toute l'Europe, nous continuons à employer celle des Romains pour les Inſcriptions de nos Monumens & pour les légendes de nos Médailles & de nos monnoyes. Servons-nous de notre Lan-gue ſur la pierre, le marbre & les mé-taux ; c'eſt le vrai moyen de la fixer, & de la rendre à jamais reſpectable à nos deſcendans. Quelle ſatisfaction d'ailleurs pour le Peuple François de pouvoir lire dans ſon Idiôme * l'éloge abrégé d'un Prince, à qui chaque cœur éleve un Monument d'amour & de dévouement !

Les jettons des différens Corps & des Communautés ont les défauts des mon-noyes du Bas-Empire, dont nous ve-nons de parler : outre que leur relief eſt trop mince, leur légende eſt ordinaire-

* La Statue de Louis XV, dit *le Bien-Aimé*, élevée en 1763 dans la nouvelle Place.

ment partie en Latin & partie en François : celle de l'exergue fur-tout eft en langue vulgaire. Donnons plus d'épaif-feur à la gravure : mettons dans notre Langue toutes les légendes , & nous en ferons des Médailles intéreffantes pour l'Hiftoire des différentes Compagnies & des Arts.

Le droit de frapper la monnoye a tou-jours été celui du Souverain. En Grèce les Rois , les Chefs des Républiques & les Officiers municipaux des villes libres en ont toujours joui. A Rome , les Rois furent les feuls maîtres de la Monnoye. Du temps de la République , le Sénat eut feul le même droit ; ce qui paroît par le S. C. *Senatus Confult.* qu'on trouve fur toutes les Médailles frappées fous ce gouvernement. Après avoir don-né fon Décret , fans confulter le Peu-ple , pour déterminer le métal , le mo-dule , les types , les légendes , le poids & le prix des monnoyes nouvelles , il confioit le foin de l'exécution aux Trium-virs monnétaires , dont l'Office eft ainfi défigné fur les Médailles ; III-VIR A. A. A. F. F ; *Trium-vir auro, argento, ære flando feriundo.* Sous le règne des Em-pereurs , le Sénat conferva encore pen-dant quelques fiécles beaucoup d'auto-

rité sur la Fabrique de la Monnoye. *L'or*
& l'argent furent entiérement réservés
aux Empereurs : alors le S. C. n'y parut
plus....Le Sénat demeura en possession de
faire frapper la monnoye de bronze , dans
les trois modules que nous appellons
grand, moyen & petit. Le S. C. y fut
toujours marqué.

Le droit de frapper la monnoye sur
le bronze, que les Empereurs abandon-
nèrent au Sénat, ne regarde que Rome
& l'Italie. Ils accordèrent cette permis-
sion aux Colonies & aux Villes municipes de l'Empire, dans les cas de be-
soin, comme le Sénat lui-même la don-
noit aux Provinces & aux Villes qui lui
étoient échues dans le partage fait avec
les Empereurs. Voilà pourquoi on trouve sur quelques Médailles de Colonies ;
Permissu Augusti ; Indulgentiá Augusti,
& sur d'autres S. C. *Senatûs Consulto*,
ou S. R. *Senatûs rescripto*.

Pour ne rien laisser à desirer, après
avoir appris dans le Corps de l'Ouvrage
à connoître & à apprécier les Médailles,
soit par leur rareté, soit par la quantité
des figures, soit par le nombre & la po-
sition des têtes, soit enfin par leur belle
conservation, on finit par donner les
moyens que l'on a employés & que l'on

employe encore tous les jours pour
tromper les Curieux en Médailles. Ces
moyens se réduisent à huit : leur exposi-
tion est suivie de la manière de décou-
vrir ces fraudes & de se mettre à l'abri
des ruses de la cupidité. On apprend même à n'adopter qu'avec prudence &
examen certaines décisions trop géné-
ralement reçues. Il s'agit des Médailles
fourrées. On doit se rappeller ici que
ces sortes de pièces fabriquées par les
faux Monnoyeurs, ne sont qu'un mor-
ceau de fer ou de bronze enveloppé de
chaque côté d'une feuille d'or ou d'argent, & frappé en même temps entre
les deux coins, sur l'un desquels étoit
contrefait la face d'une Médaille légi-
time, & sur l'autre son revers. Comme
on s'est toujours persuadé que les fauf-
saires modernes ne pouvoient que très-
difficilement imiter cette fraude, on a
regardé jusqu'à présent les Médailles
fourrées comme indubitables ; en sorte
qu'elles passent pour véritablement antiques & pour autant de fondemens de
l'Histoire : » mais ces principes adoptés
» par la plûpart des Amateurs, ne de-
» vroient être reçus qu'avec précau-
» tion , puisqu'il est certain que les
» faussaires modernes ont eu l'art de

» frapper des Médailles *fourrées* , à l'imi-
» tation de l'Antique. Un écu de *Varin* ,
» & plusieurs autres pièces qui se trou-
» vent dans le Cabinet de M. d'*Ennery* ,
» en font la preuve la plus complette ».

D'après l'esquisse de ce grand tableau
il est aisé de prendre une idée des avan-
tages & des agrémens que l'on retire de
l'étude des Médailles. Elle nous retrace
tout ce que la Mythologie , la Cosmo-
graphie , la Géographie , l'Astronomie ,
l'Histoire , la Chronologie & l'Histoire
Naturelle , présentent de curieux par
rapport à l'Antiquité. Elle offre aux
Peintres , aux Architectes & à une infi-
nité d'autres Artistes , des leçons utiles
sur le Costume de tous les temps , &
des modèles en tout genre. D'un autre
côté , elle remplit agréablement les jours
d'un Amateur , & pique continuelle-
ment sa curiosité à la vue des riches
moissons qui restent encore à faire dans
ce vaste & fertile champ. » On décou-
» vre tous les jours quelques parties des
» trésors que la terre renferme dans son
» sein : ce n'est même que depuis peu
» de temps qu'on a vu entrer dans plu-
» sieurs Cabinets des *Rescennius* d'or ,
» des *Othons* de bronze & des *Vetranio*
» d'or & d'argent , Médailles extraordi-

» naires & inconnues jusqu'à présent.
» Les riches Collections de M. *Pélerin*
» & de M. d'*Ennery* pourroient nous
» en fournir plusieurs autres exemples.
» Ce dernier vient encore d'acquérir
» une Médaille d'or de *Vitalianus*, Ty-
» ran peu connu, qui, après avoir pris
» la pourpre sous le règne d'*Anastase*,
» remporta plusieurs victoires sur les Gé-
» néraux de cet Empereur, s'empara de
» la Thrace, où il étoit né, de la Mœsie
» & de plusieurs autres Provinces voisi-
» nes, & se soutint sur le Trône contre
» toutes les forces de l'Empire, jusqu'à
» ce que l'Empereur *Justin* le fit assassi-
» ner dans son Palais, où il l'avoit attiré
» sous prétexte d'amitié ». Quelle douce
sensation pour un Curieux d'imaginer
qu'il peut trouver une pièce rare &
unique ! quelle joie quand il la possède !

Ce Cours complet & méthodique de
la science des Médailles, dédié au Prince
Charles de Lorraine, l'Ami & le Protec-
teur des Gens de Lettres, est un témoi-
gnage public de la reconnoissance de
Dom *Mangeart* pour son bienfaiteur,
& ne fait pas moins d'honneur à son es-
prit & à ses lumières qu'à son cœur. La
modestie avec laquelle il s'exprime dans
sa Préface, annonce l'exactitude de ses

recherches & la vérité de ses assertions. Sa mort nous fait regretter un Religieux zélé, un Sçavant éclairé & un Ami sensible. Pourquoi n'a-t-il pu finir quelques autres Ouvrages intéressans, qu'il avoit conçus, & dont il s'occupoit !

L'introduction à la Science des Médailles est une suite nécessaire de l'Ouvrage de Dom *Monfaucon* : aussi a-t-on eu soin qu'elle fût imprimée dans les mêmes formats, & avec les mêmes caracteres, que l'*Antiquité expliquée.*

J'ai l'honneur d'être, &c.

Jacquin.

F I N.

(22. juin 1777.)

www.ingramcontent.com/pod-product-compliance
Lightning Source LLC
LaVergne TN
LVHW012143170726
843503LV00009B/3940